AF242378

CONFÉRENCES PUBLIQUES DE TARBES

DU 3 JUIN 1868

ÉLISA MERCŒUR

(DE NANTES)

Par M. CHARAUX,

PROFESSEUR AU LYCÉE

TARBES

IMPRIMERIE TH. TELMON, PLACE MAUBOURGUET

1868

CONFÉRENCES PUBLIQUES DE TARBES

DU 5 JUIN 1868

ÉLISA MERCŒUR

(DE NANTES)

Par M. CHARAUX,

PROFESSEUR AU LYCÉE

===

MESDAMES, MESSIEURS,

Tandis que le nom d'Elisa Mercœur est resté populaire, sa vie et ses œuvres sont à peine connues. On sait vaguement qu'elle fut poète, et celle dont chaque vers respire l'émotion du beau et le désir de la gloire n'a pas laissé une strophe dans nos souvenirs : celle dont la vie commença si tôt, finit si vite et se raidit sans cesse contre l'infortune, semble après un silence de 30 ans n'avoir pas gardé un seul témoin de ses héroïques efforts pour attirer la gloire et repousser la misère. Je me trompe ; au nom d'Elisa Mercœur s'attache un souvenir vague et pénible, une sorte de gloire funèbre, qui née à l'heure de la mort, n'é- meut pas plus aujourd'hui son cœur éteint, que l'arbre penché sur sa tombe ne réveille en frémissant ses restes insensibles.

Et c'est dans cette tombe que j'ai voulu pénétrer, tirer pour ainsi dire la morte de son linceul, la rendre à la vie, telle qu'elle était belle et jeune comme une muse de la Grèce, éner- gique, passionnée, franche, forte contre la détresse, faible contre les résistances de la gloire, lentement consumée par la douleur !

Au seuil de mon travail j'hésite. L'auteur qui ose explorer toutes les délicatesses d'une âme de femme, en réfléchir les beautés et les pudeurs, sent son esprit s'alarmer ; sa foi en lui diminue ; son jugement pourrait bien se perdre dans ces routes secrètes où circulent comme des sentiments étrangers à l'homme, son œil ne pas saisir toutes les nuances d'une âme qu'il n'a pas pénétrée en observant la sienne; enfin sa rude logique risque de froisser cette fleur impressionnable qu'il faut seulemen touvrir d'un souffle léger pour faire briller les larmes dont l'orage a enrichi ses couleurs. Une femme avec sa finesse et sa grâce eût mieux réussi dans cette analyse délicate, mais je n'ai pas su résister au charme qui m'attirait vers cette virginale et poétique figure dont je voudrais fixer les traits dans la mémoire de votre cœur.

Elisa Mercœur, née à Nantes le 24 juin 1809, eut une de ces âmes rares où Dieu semble avoir épuisé tous ses dons ; et cette âme, la nature l'avait revêtue d'une beanté dont l'illustre Deveria nous a gardé les traits principaux. C'était une jeune fille au front sublime, aux grands yeux noirs pleins de douceur, de confiance, de génie, au visage régulier et finement modelé à l'antique. Le tout révélait l'ardeur de son âme, trahissait le sentiment du beau, l'ambition de la gloire, sa grandeur et sa faiblesse.

Eût-elle une enfance, cette merveilleuse enfant? oui, elle joua beaucoup et longtemps ; mais dans les mémoires que Mme Mercœur a écrits sur sa fille, je vois luire en celle-ci des éclairs trop précoces d'imagination, de sensibilité et même de raison ; j'entends trop autour d'elle les cris d'une admiration irréfléchie, pour ne pas redouter une éclosion trop prématurée de son esprit, une éducation trop humaine de son cœur.

Loin de moi la pensée d'accuser son malheur.... Je cherche moins la source de ses erreurs que celle de ses larmes, et je voudrais qu'elle en eût moins versé ; j'ajoute que l'amour de la gloire n'est pas vulgaire ; que les cœurs élevés, même en se trompant sur elle, sont seuls capables de l'éprouver ; qu'une âme passionnée n'est pas libre de se glacer à volonté sous l'empire de la froide raison ; qu'Elisa Mercœur, une jeune fille ne vécut pas même tout le printemps de sa vie, et qu'elle donna de sa pureté, de sa foi, de sa générosité, d'assez riches témoignages pour qu'on lui pardonne une illusion pleine de grandeur !

Elle n'a pas trois ans, qu'un jour en plaisantant, un ouvrier

typograpbe lui imprime son nom d'Elisa Mercœur sur le bras ;
elle rougit d'émotion ; c'est peut-être la première tentation de
la gloire.

A six ans elle rime ; c'est pour sa mère.

> Sont-ils donc si mauvais qu'ils ne puissent te plaire,
> Ces vers qui malgré moi s'échappent de mon cœur,
> Ces vers que mon amour me dicte pour ma mère,
> Ces vers que je voudrais qui fissent son bonheur !

Déjà elle lit Shakespeare, commente Boileau ; elle a vaincu
les aridités de la lecture et les subtilités de la grammaire; c'est
une lettrée ; elle dévore les 12 volumes du cours de littérature
de La Harpe ; debout sur son lit, elle se drape, et joue le roi
Lear ; elle pleure avec les bergers de M. de Florian ; elle rêve
une bibliothèque faite des livres de sa composition.

Cette enfant qui aime les contes et les poupées n'a-t-elle pas
déjà conçu le plan d'une tragédie ; elle l'a emprunté à l'histoire des Maures de Grenade et l'achèvera à 19 ans; c'est
Boabdil ; elle écrit même le brouillon d'une lettre aux acteurs
du Théâtre-Français pour obtenir d'eux une lecture; cette lettre
est frappante de naïveté ; on y admire dans toute son expansion
un sentiment qui combattra en elle l'amour de la gloire et don-
nera à ses ambitions une source sublime. Voici la lettre :
« MM. les comédiens, soyez sans inquiétude ; je lirai ma tragé-
« die bien haut, bien haut, car Dieu qui sait que c'est pour
« maman, me rendra la voix plus forte pour que vous puissiez
« m'entendre tous ; et j'espère, si toutefois ma pièce ne vous
« semble pas indigne de votre protection, que vous, messieurs
« les comédiens, qui ne comptez pas, dit-on, parmi vous un seul
« mauvais cœur, un seul mauvais enfant; si vous aimez vos
« mamans autant que j'aime la mienne, vous vous direz.... Il
« faut que nous aidions cette pauvre petite à faire le bonheur
« de sa mère, en recevant et en jouant sa tragédie ; et je vous
« serai bien reconnaissante si vous dites cela ; et Dieu vous en
« bénira. Oh ! oui, messieurs, car je le lui demanderai tous les
« jours dans mes prières, et le bon Dieu, comme vous le savez,
« exauce les enfants qui le prient avec leur cœur. »

Ces deux amours ardents, celui de la gloire, celui de sa mère, fondent la véritable unité de la vie d'Elisa Mercœur ; ce sont les traits immortels de son caractère ; ils inspirent et passionnent ses plus beaux vers.

A onze ans Elisa apprend le latin ; elle a un vieux professeur, M. Danguy, moins utile, peut-être, qu'une habile maîtresse dans un art plus nécessaire : mais comment résister à cette enfant avide de sciences et dont on sèche les larmes en lui promettant quelque nouvelle fatigue d'esprit, une langue à apprendre, un livre à étudier? Ce n'est pas assez ; elle compose en 2 heures, presqu'en jouant, une histoire intitulée *Herminie* ou *Les avantages d'une bonne éducation*. On y lit des pensées graves qui font sourire Je regrette de le dire : Elisa en compagnie de sa mère a déjà vu jouer la Phèdre de Racine. S'il ne fallait pas comprimer ce cœur généreux, devait-on sitôt en exciter les mouvements passionnés ?

A 12 ans la vie sérieuse commence pour elle ; sa mère est ruinée, Elisa la nourrit ; elle donne des leçons à des personnes bien plus âgées qu'elle ; cette enfant enseigne à une époque de la vie où l'on n'aime pas à encore apprendre ; cependant elle trouve des loisirs pour traduire en entier le *Paradis perdu* de Milton, et n'oublie ni les poupées, ni les contes, ni Boabdil, ni la gloire.

C'est par une belle nuit d'été que l'inspiration naît dans son cœur ; elle ne peut dormir : elle vient d'entendre une voix divine qui l'a ravie au ciel et dont le timbre éveille en elle la poésie, comme le premier chant d'un oiseau éveille dans la forêt le chant du nid voisin. Elisa se lève et court à sa table ; éclairée par la lune elle écrit des vers qui ne lui ont pas survécu ; désormais elle ne composera plus qu'avec une forte agitation, une fièvre véritable, et, chose plus singulière encore, un appétit violent

A peine sa pièce terminée, elle s'endort. Le lendemain, avec une confiance ingénue, elle la porte chez l'excellent M. Mellinet, le rédacteur en chef du *Lycée armoricain*. Bientôt tout Nantes la connaîtra. Premier et trompeur sourire de la gloire !

Une des pièces du recueil d'Elisa, l'*Écho*, date de cette époque :

il y règne un sentiment naïf de l'amour. Rien de plus innocent :

> Tiens, d'un secret je vais t'instruire ;
> Mais, j'ai peur de l'écho, je parlerai plus bas.
> L'indiscret pourrait le redire.
> Il faut, petit ami, qu'il ne m'entende pas.

Une passion plus élevée domine la vie d'Elisa Mercœur. Cependant de son vers franc s'échappe parfois un regret, comme un soupir. Une pièce, le *Vœu*, toute discrète qu'elle est, laisse voir un cœur où l'amour a dû passer, un jour peut-être, mais non sans orage.

> Lorsque tu ne sens plus la flamme
> Qui dévore mon faible cœur,
> Lorsque tu m'as repris ton âme,
> Qu'une autre fasse ton bonheur ;
> Qu'elle ignore, heureuse et charmée,
> Ce qu'on souffre en perdant ta foi ;
> On meurt quand on n'est plus aimée :
> « Puisses-tu l'aimer plus que moi !... »

L'amour qui inspire le sacrifice est le seul vrai. A-t-elle connu l'amour? Est-ce un pressentiment ou un souvenir? Revenons à la gloire.

Elle en goûte d'abord le charme : à mesure qu'elle publie une pièce nouvelle, prose et vers la célèbrent à l'envie. C'est une pluie de fleurs sur ses 17 printemps. Elle en jouit, elle en souffre. Cette amoureuse de la gloire est modeste! M. de Lamartine, cependant se joint à ses admirateurs : « Cette petite fille, dit-il, nous dépassera tous. » Mais une épine se mêle à ces premières roses ; l'envie s'attaque à la glorieuse enfant et lui arrache des larmes !

Le recueil d'Elisa est complet; elle le dédie à M. de Chateaubriand en lui écrivant avec une sincérité passionnée :

> « Quoi! pas un de mes jours n'a laissé de mémoire !
> Quoi ! mon nom reste encor dans l'ombre enseveli !
> Ah ! pour moi chaque instant qui s'écoule sans gloire,
> Est un siècle fané par la main de l'oubli !... »

Et M. de Châteaubriand lui répond : « Mademoiselle, si la
« célébrité est quelque chose de désirable, on peut la promettre.
« sans crainte de se tromper, à l'auteur de ces vers charmants;
« puissiez-vous, mademoiselle, ne jamais regretter cet oubli
« contre lequel réclament votre talent et votre jeunesse »

La réponse est sage, la leçon un peu sèche avec un grain d'en-
cens. Ce fut un vrai pèlerinage à la maison de Mme Mercœur
pour voir, lire, toucher la lettre, je dirais presque la relique du
grand écrivain !

En peu de temps *le recueil de poésies* avait 600 souscripteurs.
Elisa passait un traité avec son éditeur, recevait du ministre un
encouragement annuel ; sa joie touchait à l'exaltation, sa reconnaissance toute chrétienne fondait une messe d'anniversaire.
M. de Martignac, un esprit éclairé, un cœur vraiment libéral,
un amateur délicat des lettres, s'éprenait d'une solide admiration
pour Elisa. S'il eût vécu, elle vivrait peut-être ! En attendant,
point de fête sans elle : aucun homme de quelque distinction
ne voit Nantes sans saluer la Muse armoricaine. Arrive la
duchesse de Berry. M. de Villeneuve, l'ami de M. de Martignac,
le préfet de Nantes donne un grand bal ; Elisa en est presque
autant la reine que la royale invitée : là, elle sonde les cœurs
sous les riches toilettes, et conçoit le plan d'une nouvelle
intitulée *les 4 amours* ; son style est facile, son imagination
riche ; elle a de la vigueur dramatique : « Encore si la gloire,
« dit-elle quelque part, l'altière idôle du génie marchait auprès
« de lui, ou de loin lui tendait la main et parsemait de quelques-
« unes de ses fleurs immortelles le sol aride de son chemin
« solitaire ! Mais non, tant qu'il existe, l'orgueilleuse rejette son
« hommage, et ce n'est qu'à son ombre qu'elle prodigue enfin
« ce qu'elle refusait à sa vie. »

A l'heure même où Elisa, au bal de la duchesse, souriait à
son bonheur naissant, elle payait déjà sa joie ; on s'introduisait
furtivement chez sa mère ; un familier, un ami peut-être, lui
dérobait 4,000 francs , toute sa fortune. La malheureuse enfant
connaît le coupable, hésite d'abord, et se tait par générosité.
Le sacrifice est d'une âme peu ordinaire et qui connaissait la
véritable gloire. Pour comble d'infortune, M. Danguy, son ancien

précepteur, celui que dans son langage enfantin elle appelait
son petit mari, brûle pour elle d'un amour septuagénaire, et veut
unir aux dix-huit ans de son élève ses 68 printemps ! Enfin,
un Monsieur riche, mais peu intelligent, déclame, en sa présence,
sans la connaître, tous les lieux communs qu'imagina dans ses
loisirs la médiocrité contre la poésie et les poètes ! Ils sont in-
dignes de toute confiance ! Il espère qu'elle partage ses sentiments.

C'en est trop : Les âmes impressionnables, souvent fortes contre le malheur, ne sont pas toujours au-dessus des contrariétés
de la vie. Elisa est frappée au cœur ; malade de douleur, elle
répond à l'injure par une pièce de génie, la *gloire* : Elle s'écrie :

> A ce qui vient des cieux l'ignorance et l'envie
> Ont-elles jamais pardonné !
> Le Tasse et Camoëns n'ont-ils pas bu la vie
> Comme un nectar empoisonné ?
> Ce monde, qui semblait rougir de les comprendre,
> A pourtant eu des pleurs pour en mouiller leur cendre ;
> Mais c'est sur leur tombeau que l'on s'est prosterné !

Avouons-le cependant ; la gloire, telle que la comprend Mlle
Elisa Mercœur, est un peu païenne ; plus tard, son intelligence
dégagée des nuages de la vanité l'eût cherchée dans l'ordre
surnaturel du christianisme. La foi de sa mère, la nôtre, en
maîtrisant sa vie, en réprimant les écarts de son imagination,
eût aussi calmé les mouvements tumultueux de son cœur,
inondé sa pensée d'une lumière sereine, élevé son regard jus-
qu'à ces hauteurs infinies où la gloire habite, et où l'immortalité nous attend !

C'en est fait ; Elisa quitte Nantes où elle a tant pleuré ! plus
tard elle dédiera à sa ville natale ses œuvres et une boucle de
ses cheveux. Elle se met en route pour Paris où M de Martignac l'appelle et lui promet que la gloire ne sera pas « ingrate
envers celle qui la chante si bien. »

Essayons ici de peindre quelques traits de son génie : le
sentiment de la gloire y domine tout au premier coup d'œil ;
mais sur ce fonds brillant le regard saisit mille nuances .. si elle

a emprunté au premier Empire l'amour d'un mot sonore, elle est bien elle-même cependant, pleine de hauteur, de mouvement et de passion, simple, négligée même et diffuse. Sa mélancolie n'est que trop réelle. Ce sentiment n'est-il pas d'ailleurs particulier au génie breton, un peu sombre comme la nature où il se développe et frappé d'inquiétude à la vue de la mer infinie !

Que ces vers sont tristes et résignés !

> L'homme dans sa douleur tonne, crie ou délire ;
> Mais la femme est paisible, elle pleure et soupire.

Celui-ci n'est-il pas simple et profond ?

> La pensée est du moins un reste de bonheur !

Les traits d'Elisa étaient ceux d'une Grecque ; elle en eut le cœur comme elle en savait la langue. Elle chanta la liberté nouvelle avec une énergie virile.

Fils de Léonidas,

dit-elle aux Grecs :

> La liberté, voilà votre partage,
> Des pleurs ne la rachètent pas !....

Mais elle toucha aussi la lyre d'Horace :

> « Pour chanter, pour aimer, pourquoi toujours attendre?
> « Jamais on n'a revu deux fois le même jour ;
> « Et le flot du passé sut-il jamais nous rendre
> « Un seul de nos moments emporté sans retour ! »

Ces vers sont beaux, mais je préfère les suivants que la terre n'a pas inspirés :

> « Ne jamais redouter le temps qui nous entraîne :
> « Attendre sans effroi son rappel vers les cieux ;
> « Chaque jour détacher un anneau de sa chaine ;
> « Mourir sans exhaler des regrets pour adieu ;
> « Aimer pour enchanter les peines de la vie ! »

On le voit, Elisa a l'âme ondoyante et mobile ; elle est vraiment poète, tour à tour suave et forte ; mais au fond elle n'a

qu'une pensée : pour elle chaque jour n'est, suivant son expres-
sion, « qu'un jour de plus écoulé pour la gloire. »

Poursuivons : elle a 19 ans, elle est à Paris, comme perdue
dans cette tumultueuse capitale de la gloire, peut-être moins
capable d'inspirer la poète que les hautes montagnes ou le grave
Océan. Or, 1828 était pour les belles-lettres une brillante
époque, et les grands hommes n'étaient pas rares. A peine
arrivée, Elisa avait sa cour, et d'innocents flatteurs aidaient sans
le savoir à lui rendre plus amères les trahisons de la fortune.
Charles X l'accueillait avec avec une galanterie royale. M. de
Martignac augmentait sa pension et promettait de faire jouer sa
tragédie de *Boabdil*. M. de Jouy, un académicien sans préten-
tion, estimable poète, aujourd'hui peu connu, était un des fidèles
amis d'Elisa ; l'illustre docteur Alibert la voyait assidûment
Elle avait deux éditeurs au service de sa gloire

Quel éclair de bonheur ! Hélas ! il éblouit Elisa ! Elle n'était
pas assez vulgaire pour s'endormir à la douce musique des
éloges, elle ne fut pas assez ferme contre ses violents désirs
d'immortalité ; elle oublia sa foi, et un jour, dans un instant
rapide d'égarement, à l'heure où était absente sa mère, à qui la
généreuse enfant fit jurer d'avouer au monde et son repentir et
sa faute, elle *essaya de mourir*, pour acquérir plus tôt je ne sais
quelle gloire chimérique. Dieu qui l'aimait, lui résista — elle
vécut. — Soyons comme Dieu, indulgents pour elle ; accusons
son imagination séduite plus que son cœur où l'enthousiasme
avait jeté ses troubles. Il y a peut-être des âmes qui montent
vers la perfection, sous l'impulsion régulière d'une volonté
que rien ne passionne. Elles sont bien heureuses ! Il en est
d'autres, qui luttent sans trève, et n'emportent pas d'assaut la
vertu, sans quelques revers et d'héroïques combats !

Pauvre Elisa Mercœur, qui ne vous plaindrait ! à peine dans
les bras de votre mère avez-vous pleuré votre faute que l'ex-
piation commence ! M. de Martignac tombe du ministère !
Boabdil ne sera pas joué ; la gloire s'éloigne ! Cependant l'excellent M. de Jouy trouve un journaliste qui paie les vers. Elisa
lui porte une charmante pièce, la *Philosophie* : avec mille éloges

on lui met dans la main 28 sous pour ses 28 vers ! Elisa rend l'argent avec mépris et déchire la pièce en morceaux. Elle eut raison, la digne bretonne ! le génie ne se paie point et certains vers comme certaines perles sont inestimables !.... Ce n'est pas tout, un trône s'écroule ; le docteur Alibert, médecin de Charles X, ne va pas d'une cour à l'autre mettre sa science aux gages d'un nouveau maître ; M. de Martignac est plus que jamais dans l'ombre ; il ne tardera pas à mourir ; M. de Châteaubriand a vendu sa défroque de pair de France ; enfin, M. de Jouy n'est plus qu'académicien !...

Elisa n'a plus de pension. Il lui reste pour s'appuyer, un roseau, Mme Récamier, femme sensée qui ne connut jamais l'esprit de parti, déjà âgée, mais toujours belle, toujours bonne ; toujours chrétienne au milieu des adorations du monde, l'amie de M. de Châteaubriand commençait très tôt chacune de ses journées par une méditation, et ne les achevait jamais sans avoir secouru quelque infortune. Elle captiva l'austère M. Guizot, très digne de son amitié ; Mlle Mercœur, grâce à lui, retrouva quelque aisance. Ce ministre sérieux avait compris que les révolutions pouvaient atteindre les hommes politiques, mais ne devaient jamais nuire à la paix des lettres ni aux littérateurs. — 1830 avait éclaté fatalement, trois jours avant une lecture de *Boabdil*. L'intrépide bretonne ne renonce pas au succès ; elle retouche sa tragédie, gagne la bienveillance de M. Royer Collard, grand orateur, grand philosophe, plus grand homme de bien.

La lecture a lieu enfin ... le jury applaudit ; le baron Taylor, directeur du Théâtre-Français, se tait seul, puis refuse par lettre la représentation, mais sans couvrir d'un honnête prétexte sa décision.

Nous avons lu la pièce dont l'action se passe à Grenade : on y sent de l'inexpérience et quelque imitation. Les rares endroits où la passion ne soutient pas le poète, se traînent ; mais l'auteur a l'âme vraiment tragique ; cette femme a su peindre avec une énergie nouvelle la terrible passion de la haine ; cette jeune fille a su trouver des situations fortes, des scènes qui étincellent de beautés du premier ordre, de vers énergiques et cornéliens ! Le masque de la tragédie ne va pas ordinairement au visage d'une femme ; Elisa Mercœur fit exception et ne réussit pas.

Une quatrième fois, elle conspire le succès de *Boabdil* ; ce n'est pas en vain qu'elle est du pays où l'on sait dire : je veux Le duc d'Orléans est dans le complot. Mais une révolution, le choléra éclate ; tout fuit, la mort règne, les muses se taisent et la gloire a souri au poète pour la dernière fois. Je ne puis mieux peindre alors l'état de son cœur atteint mortellement qu'en citant plusieurs vers où la douleur grandit son inspiration. Le malheur est-il donc nécessaire au génie !

> Oui, ce souffle brûlant, ce souffle inspirateur,
> Qui, du feu qu'elle enferme agrandissant la flamme.
>   Comme un rayon créateur
> Semble échappé du ciel pour féconder une âme,
> Combien de fois en vain je l'ai senti passer,
> Et j'ai dit au malheur : laisse-moi donc penser !
> Inutile prière ! à mes cris insensible,
> En épuisant ma force à de nouveaux combats,
> Sourde comme la mort, et comme elle inflexible,
> L'infortune me frappe et ne m.'écoute pas !

Depuis ce moment, nous assistons à la lente agonie de la malheureuse Elisa Mercœur ! Un faux éditeur, un inconnu, réussit à tromper sa confiance par une hypocrite compassion ; il emporte une de ses plus jolies nouvelles, *le jeune chevrier*, et ne revient plus.

Elisa écrit alors à Madame Récamier une lettre arrosée de pleurs, nous dit sa mère, mais où la reconnaissance domine l'égoïsme de la douleur. Elle lui dit :

> Que féconde en bonheur la terre généreuse
> Soit belle à vos regards, soit facile à vos pas,
> Et qu'assurée enfin que vous êtes heureuse,
> J'oublie, en l'apprenant, que je ne le suis pas !

Rapidement affaiblie par les chagrins, mademoiselle Mercœur retrouve cependant une énergie surnaturelle sous l'impulsion de l'amour filial. Un jour la pensée de la détresse où elle laisserait sa mère, provoquait un flot de sang dans sa bouche, tandis que sa main défaillante tenait la plume qui les nourrissait toutes deux.

Veuillez écouter les vers adressés alors à M. Guizot :

Dans une route défleurie,
Sous un ciel froid qu'oublie un soleil bienfaisant,
Je n'ai rencontré pour ma vie
Qu'indigence, regrets, vains désirs ; et pourtant,
J'ai peur de la quitter, cette existence amère ;
Et je viens vous crier : sauvez-moi pour ma mère!

Ce cri fut entendu de M Guizot ; Elisa put respirer l'air de la campagne. Mais il n'était plus temps. En vain MM Thiers et Victor Hugo lui prodiguent les marques d'un généreux intérêt. La vie est atteinte à sa source, au cœur. Un bon curé, un vieillard de 80 ans, la rendit à Dieu. La mort approchait, elle ne voulait plus mourir ; il fallait vivre pour sa mère ; cependant elle lui dit un jour : « Si tu me survis et que ma tragédie réussisse, tu m'apporteras ma couronne !... » Dans un autre moment, Elisa remonte par la pensée le cours de ses premières années ; mais ce souvenir ne lui rend pas un seul éclair de joie ; elle ne sait déjà plus sourire. La veille de sa mort elle adressa ces paroles à sa mère : « Si Dieu, chère maman, m'appelle à lui, on fera mille contes sur ma mort ; les uns diront que je suis morte de misère, les autres d'amour! Dis à ceux qui t'en parleront, que le refus de M. Taylor, de faire jouer ma tragédie a seul fait mourir ta pauvre enfant. »

Le lendemain elle expirait, le vendredi 7 janvier 1835, dans le 15e mois de sa maladie ; elle avait 25 ans. Une année après, on la transférait au cimetière du Père-Lachaise ; M. Ballanche prononçait sur son cercueil quelques paroles pleines de tendresse. Mme Mélanie Waldor la chantait Sa tombe devenait comme un lieu de pélerinage où de tardifs admirateurs allaient mêler leurs larmes et leurs vers.

Alfred de Musset y inscrivit ces mots :

« Je ne te pleure pas, j'envie ton sort. »

Et Châteaubriand, ces vers :

> Tu dors, pauvre Elisa, si légère d'années,
> Tu ne crains plus du jour le froid et la chaleur.
> Elles sont terminées
> Tes fraîches matinées ;
> Jeune fille, jeune fleur !

Telle fut Elisa Mercœur : victime d'une noble illusion, elle nous touche par ses malheurs, par son amour filial, par son énergie, par sa beauté ; et sa faiblesse peu vulgaire nous la fait aimer et admirer. Cependant de sa vie si courte et si agitée nous pouvons tirer un grand enseignement Le génie pur, désintéressé, qui retrempe sa vigueur à la source infinie où il a pris naissance, grandit toujours, atteint souvent une hauteur, une force surnaturelle, et rencontre la gloire sans la chercher. Il est fécond en joies pour l'humanité. C'est l'aigle qui sillonne sans fin la route des cieux, pour y chercher et en rapporter des messages divins. Mais si ce même génie, oubliant son principe et sa fin, s'inspire de la vanité et poursuit avidement l'admiration de la foule, il cesse bientôt de porter ce caractère impersonnel, sacré, qui le faisait reconnaître et respecter des hommes. Loin du ciel il languit à terre, trompé par la gloire, enchaîné à la souffrance !